Descubrimiento del espacio profundo

EL SOL Y OTRAS ESTRELLAS

GAIL TERP

BLACK RABBIT BOOKS

Bolt es una publicación de Black Rabbit Books
Apartado Box 3263, Mankato, Minnesota, 56002.
www.blackrabbitbooks.com

Marysa Storm, editora; Grant Gould, diseñador;
Omay Ayres, investigación fotográfica

Información del catálogo de publicaciones de la biblioteca del congreso
ISBN 978-1-68072-974-0

Impreso en China. 3/18

Créditos de Imágenes

Alamy: Jurgen Ziewe, 9 (fondo); jpl.nasa.gov/: NASA, 14 (enana negra); nasa.gov: NASA, 28–29; NASA/ESA, 14 (estrella); science.nasa.gov: NASA, 16–17; Science Source: Mikkel Juul Jensen, 10–11; Paul Wootton, 24–25; Science Picture Co, 22–23; Shutterstock: alexaldo, 24; Anton Balazh, 6; Azuzl, 20–21; Dja65, 26–27; GiroScience, 15 (gigante roja); In-Finity, 27 (constelaciones), 31; Jurik Peter, 3, 32; Maria Starovoytova, 12; NPeter, 18; sciencepics, 15 (enana blanca); suns07butterfly, 27 (fondo); TeddyGraphics, 9 (Júpiter); Twin Design, Cubierta (sol), 1; Yuriy Mazur, 14–15 (fondo), 21 (fondo); solarsystem.nasa.gov: NASA, 4–5; www.noa.ac.jp, National Astronomical Observatory of Japan, Cubierta (satélite)

Se ha hecho todo esfuerzo posible para establecer contacto con los titulares de los derechos de autor del material reproducido en este libro. Cualquier omisión será rectificada en impresiones posteriores previo

CONTENIDO

CAPÍTULO 1

El SOL

El Sol es la estrella más cercana a la Tierra. Le da luz a la Tierra y mantiene caliente el planeta. Pero, ¿y si el Sol desapareciera repentinamente? Mucho cambiaría. Siempre sería de noche en la Tierra. Sin luz solar, las plantas no podrían hacer alimento. La mayoría de las plantas moriría. Y el planeta se pondría muy, muy frío.

Congelación profunda

En la primera semana sin sol, la Tierra se enfriaría. Las temperaturas rondarían los 32 grados Fahrenheit (0 grados Celsius). Después de un año, sería mucho peor. Los océanos se congelarían. Solo pequeñas criaturas podrían vivir debajo del hielo. Está claro que la Tierra necesita del Sol.

El Sol tiene aproximadamente 4.6 billones de años de edad.

El sistema solar

El Sol está en el centro de un sistema solar. Los planetas giran alrededor del Sol. La gravedad **del Sol** jala a la Tierra y a los otros siete planetas hacia él. El Sol también tiene planetas enanos, como Plutón, en **órbita**.

El Sol no es la única estrella con un sistema solar. Otras estrellas también son parte de sistemas solares.

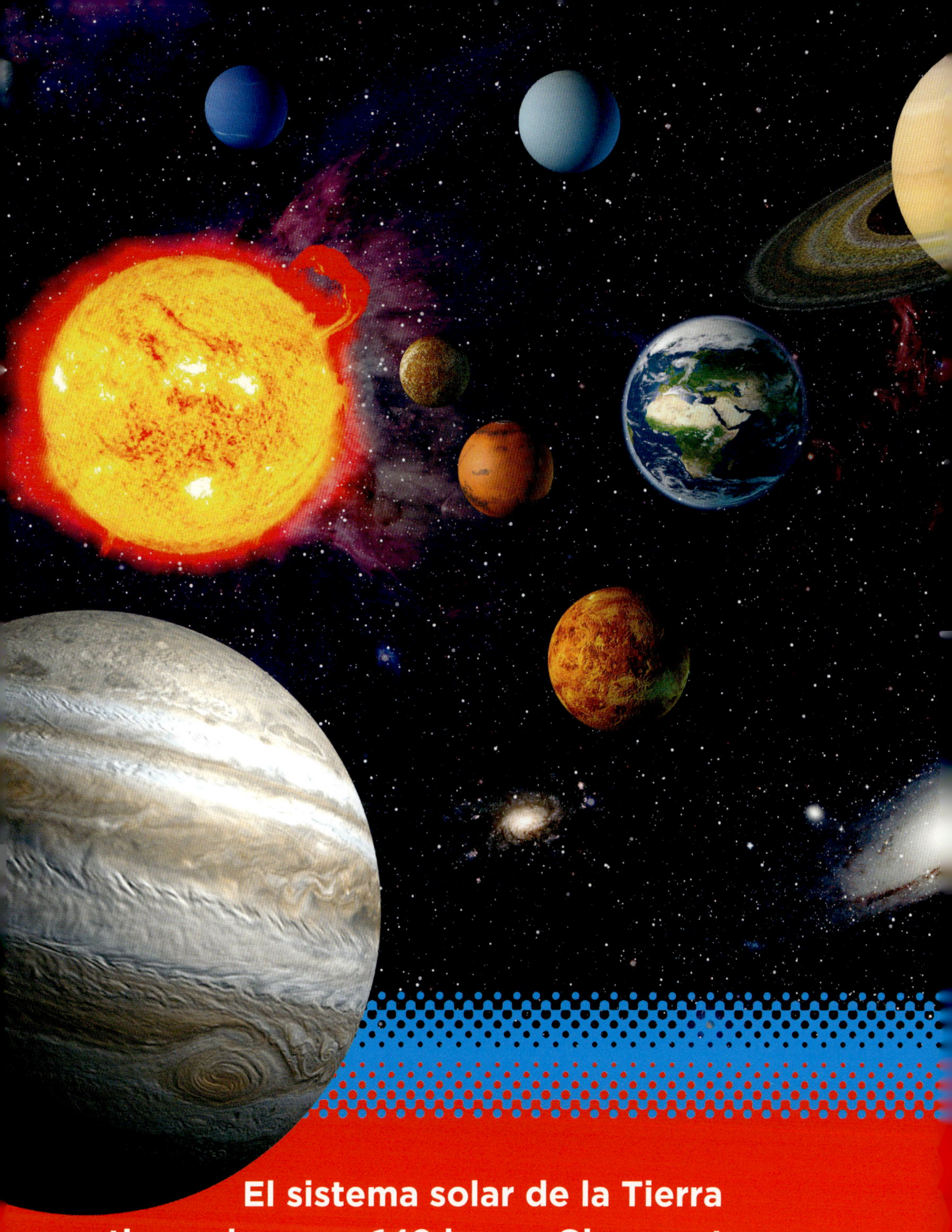

El sistema solar de la Tierra tiene al menos 149 lunas. Giran en torno a planetas enanos y regulares. La gravedad de los planetas mantiene las lunas en sus órbitas.

EL CENTRO DEL SISTEMA SOLAR

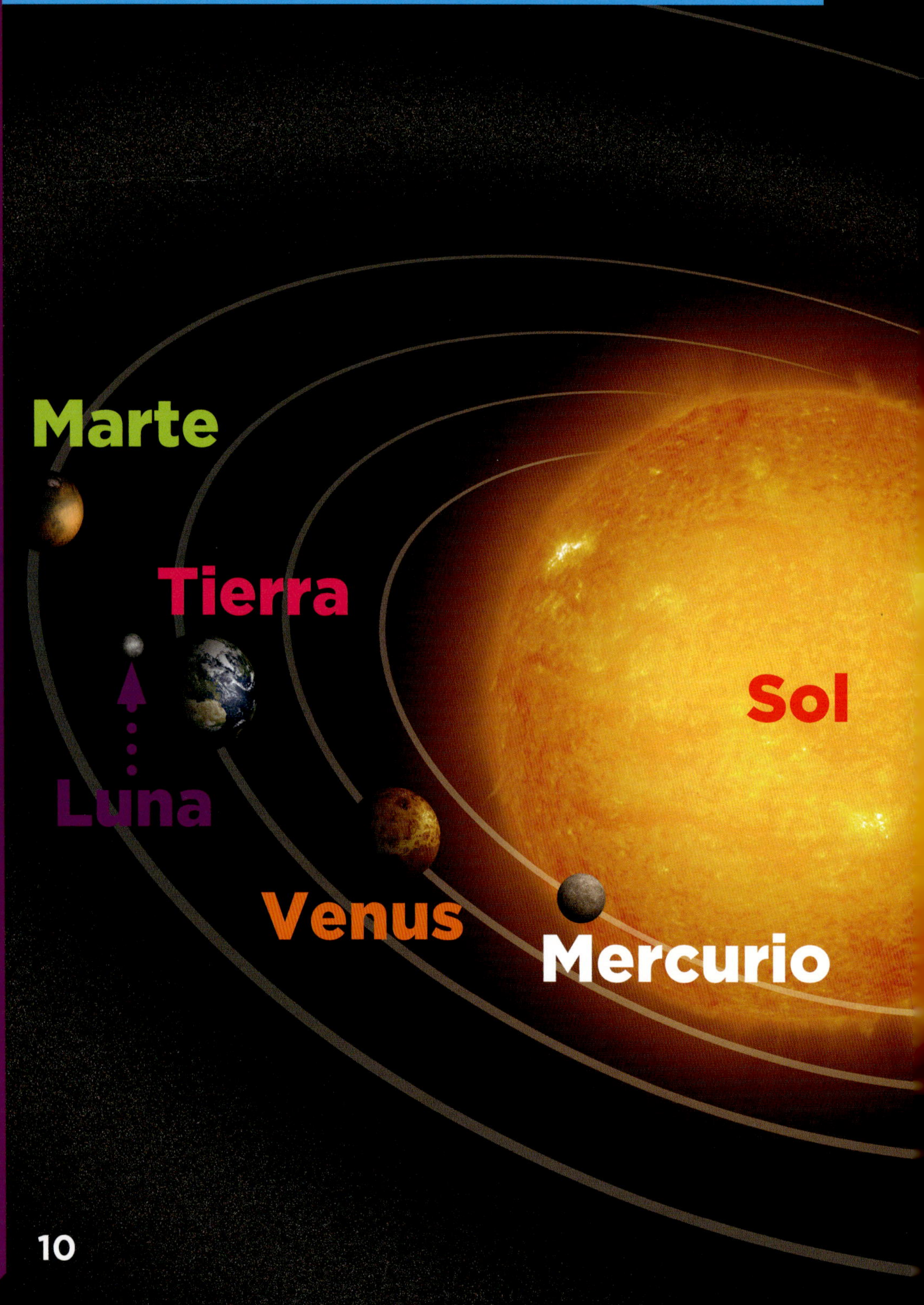

Neptuno
Plutón
Urano
Saturno
Júpiter

ESTRELLAS

El Sol de la Tierra comenzó como una nube de gas y polvo. Así es como comienzan todas las estrellas. La gravedad luego reunió la nube de gas y polvo en una masa. El calor aumentó en el centro de la masa. Con el tiempo, el gas principal de la masa cambió. Se convirtió en un gas diferente. Ese cambio generó energía. La energía hace que el Sol brille.

El color de una estrella depende de su temperatura. Las estrellas azules son las más calientes. Las estrellas rojas son más frías.

LA VIDA DE UNA ESTRELLA

Nubes de gas y polvo, llamadas nebulosas, forman las protoestrellas. Las protoestrellas se convierten en estrellas. Una vez que se forman las estrellas, pasan por varias etapas.

estrella

El gas y el polvo de una protoestrella se calientan hasta quemarse. El gas principal cambia y la estrella comienza a brillar.

enana negra

La estrella se enfría lentamente. Se vuelve demasiado tenue para ser detectada.

gigante rojo

Después de millones y millones de años, la mayor parte del combustible de la estrella se ha quemado. Las capas exteriores de la estrella se expanden. Se torna roja y brilla.

enana blanca

Una estrella se convierte en una enana blanca cuando todo su combustible se ha quemado. Solo el núcleo permanece.

Parejas, cúmulos y galaxias

Las estrellas pueden asociarse. Dos estrellas que orbitan entre sí son parte de un sistema **binario**. Los científicos creen que los sistemas binarios se desarrollan cuando una estrella comienza a formarse. La masa de polvo y gas se parte en dos. Luego se forman dos estrellas.

También se pueden encontrar en el espacio grandes grupos de estrellas. Los científicos los llaman **cúmulos** de estrellas. Algunos cúmulos tienen varios cientos de estrellas. Otros cúmulos tiene millones. La gravedad mantiene al grupo junto. Las galaxias son grupos gigantes de estrellas. Pueden tener trillones de estrellas.

El sistema solar del Sol es parte de la galaxia llamada Vía Láctea. Esta galaxia tiene entre 100 y 400 millones de estrellas.

año luz

Un año luz es para medir distancias. Es qué tan lejos viaja la luz en un año. Un año luz es aproximadamente 5.9 trillones de millas (9.5 trillones de kilómetros).

Estrellas famosas del cielo nocturno

El Sol de la Tierra es solo una de las muchas estrellas famosas. Polaris es otra estrella muy conocida. Mucha gente la llama la Estrella del Norte. Sirio es la estrella más brillante del cielo. Es más de 25 veces más brillante que el Sol. La estrella está a 8.6 años luz de la Tierra. Alpha Centauri es la tercera estrella más brillante. Alpha Centauri está aún más cerca de la Tierra. Está a 4.3 años luz de distancia.

CAPÍTULO 3

Una MIRADA más cercana al Sol

Como otras estrellas, el Sol está formado por gases. Estos gases están calientes en extremo. La superficie del Sol es de 10,000 grados Fahrenheit (5,538 grados C). Su centro está a nada menos que 27 millones de grados Fahrenheit (15 millones de grados C).

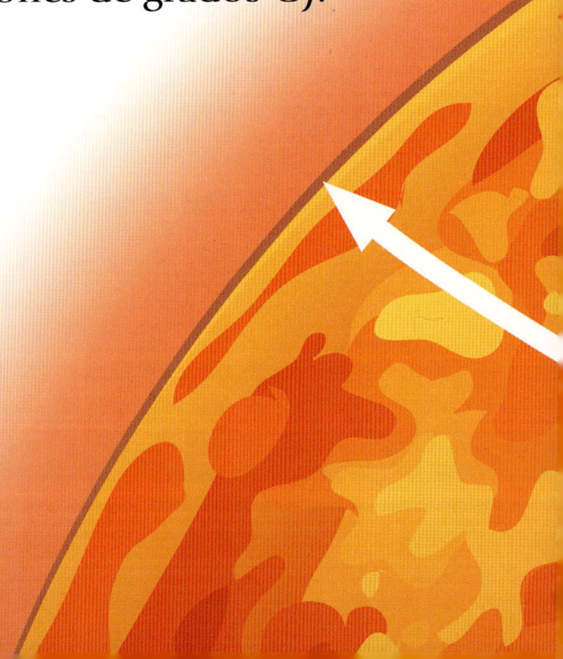

Medir su tamaño

PARTES DEL SOL

El Sol es más que una simple bola de gas.

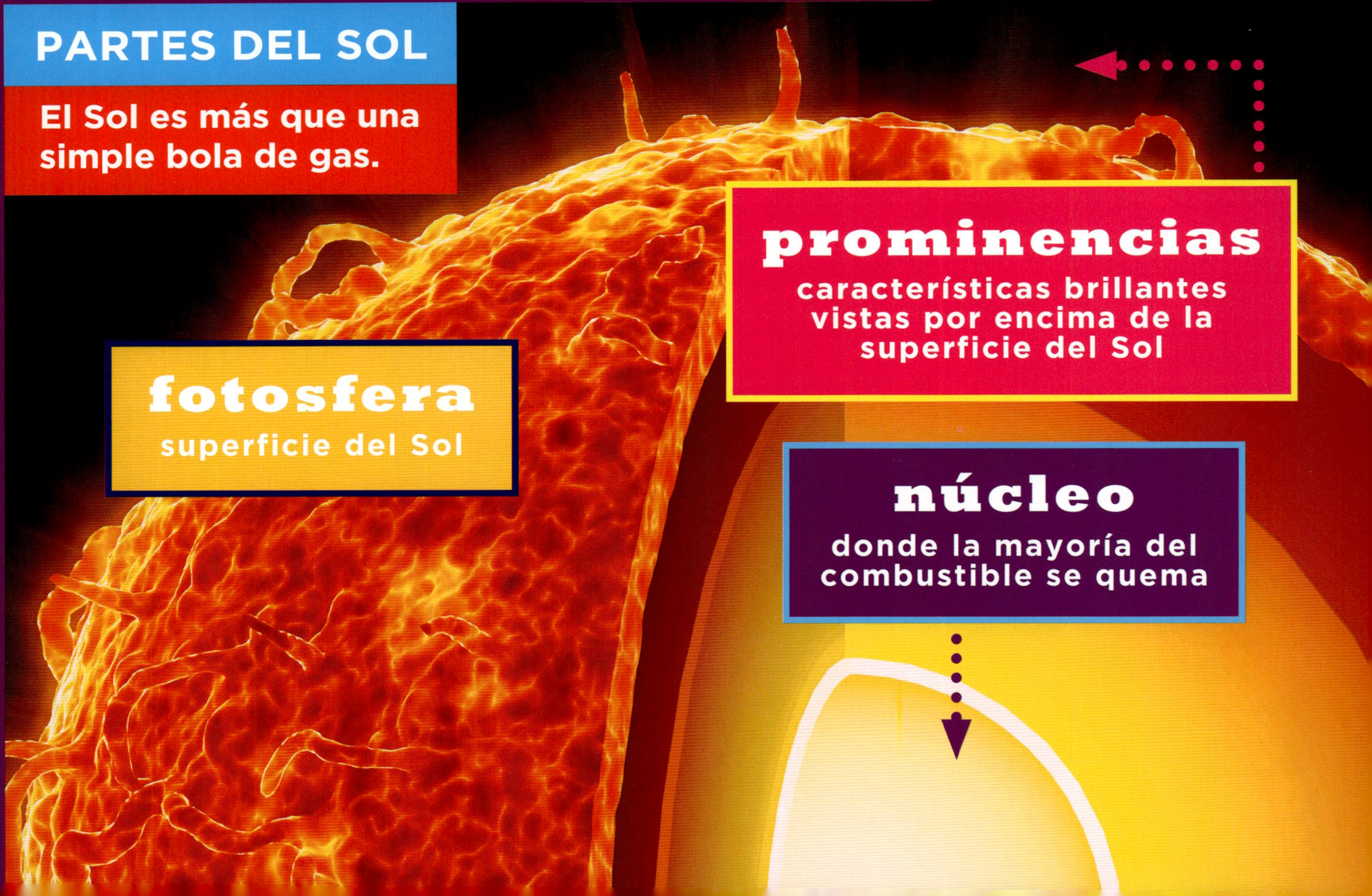

manchas solares
manchas más frías en la superficie del Sol que parecen oscuras
estallidos
enormes explosiones en la superficie del sol

Sol

Un eclipse solar

A veces la Luna de la Tierra pasa entre el Sol y la Tierra. Este evento es conocido como eclipse solar. Durante un eclipse, la luz del Sol es bloqueada por la Tierra. Solo dura unos minutos. Se puede ver un eclipse total desde algún lugar de la Tierra cada 18 meses.

Diagrama de un eclipse solar

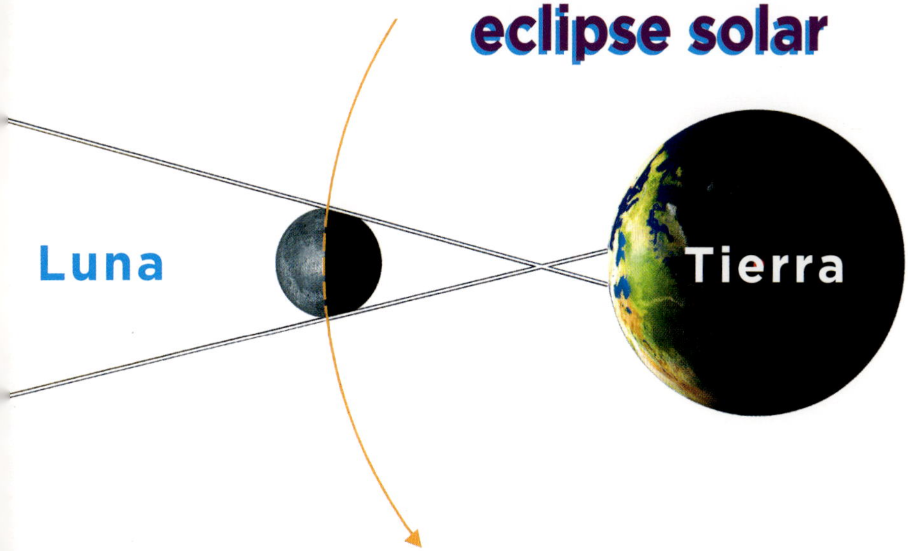

CAPÍTULO 4

APRENDER más

Los seres humanos han estudiado las estrellas por cientos de años. Para la gente de la **antigüedad**, las estrellas contaban historias. Los marineros usaban la posición de las estrellas para **navegar**. El movimiento de las estrellas también ayudó a crear los primeros calendarios.

Se llama constelaciones a los grupos de estrellas que forman figuras en el cielo. La mayoría de las constelaciones son parte de historias antiguas.

La Sonda Solar Parker se acercará a 3.7 millones de millas (6 millones de km) del Sol.

Futuras exploraciones del Sol

Los científicos siguen estudiando el Sol y las estrellas hoy en día. Usan telescopios y sondas para su estudio. Una misión actual es la Sonda Solar Parker. Esta sonda dará la vuelta al Sol 24 veces. Los científicos esperan recopilar más datos sobre la estrella. Cada año, los científicos descubren más sobre las estrellas. Tal vez algún día encuentren otra estrella que permita la vida.

antigüedad – de mucho tiempo atrás

binario – algo que consiste de dos cosas o partes

combustible – un material, como carbón, petróleo o gas, que se quema para producir calor o energía

cúmulo — un grupo de cosas que están juntas

ecuador – un círculo imaginario alrededor de la Tierra que está igualmente distante del Polo Norte y del Polo Sur

gravedad – la fuerza natural que atrae objetos físicos entre sí

navegar – encontrar la manera de llegar a un lugar cuando viajas

órbita — la trayectoria de un cuerpo que gira alrededor de otro cuerpo

sonda – un aparato utilizado para recoger información del espacio exterior y enviarla a la Tierra

ÍNDICE